CUTE PETS - THE BEST

...SING THE DAYCARE
SONG ALL TIME LONG!

AUTOREN / BILDER /
COVER

DIRK L. & TANJA FEILER

WAS BISHER GESCHAH:

X UND MICHELLE, MAEHI UND ANGELINA HABEN GEHEIRATET – DIE CUTE PETS WAREN IM SOMMERURLAUB, ALIEN HAT IHNEN EINEN EXTRA VIRTUELLEN URLAUB SPENDIERT – UND DIE CUTE PETS HABEN DEN DAYCARE – SONG ZUR

UNTERSTÜTZUNG DES
SOZIALEN PROJEKTS VON
KITTYS FAMILIE
GESCHRIEBEN...

THE DAYCARE – SONG

FOR THE CITY

THAT'S SO PRETTY

THE DAYCARE

FOR THE SELFCARE

SINGING THE DAYCARE
SONG ALL TIME LONG!

KITTY HAT IHRE FREUNDE IN DER CITY GEKNIPST – SIE HABEN SICH VOR EIN SPEZIELLES KUNSTWERK GESETZT, DAS ZUR ERÖFFNUNG EINES NEUEN GESCHÄFTES GEBAUT WORDEN IST. UND WAS IST DA LOS BEI DEN CUTE PETS?

Zwischen Good Pet und Haeschen, Alien und Angela hat es gefunkt!

Kitty und Sammy sind jetzt noch die Singles in der WG – wobei beide sich sehr gut im Chat verstehen. Sammy wohnt ja nicht mehr in der WG, ist nur selten zu Besuch. Kitty sortiert Bilder ihrer Familie, Herr und Frau Feiler.

DIE DRACHENBILDER HAT
FRAU FEILER FÜR IHREN
EHEMANN HERRN FEILER
GEMACHT.

Kitty

Da Kitty die meiste Zeit die Bilder ihrer WG Mitbewohner macht, ist sie nur selten auf den Bildern mit drauf. Deshalb hat Alien die Kamera geholt und Kitty fotografiert.

EIN FREUND VON KITTY

KITTY HAT IN IHREN BÜCHERN „KITTYS ABENTEUER" AUCH ÜBER IHREN FREUND GESCHRIEBEN – DAMALS HAT SIE NOCH IN DER ALTEN WOHNUNG...

SINGING THE DAYCARE SONG!

www.ingramcontent.com/pod-product-compliance
Lightning Source LLC
Chambersburg PA
CBHW050931290526
45792CB00002B/965